BELANGRIJKSTE STAPPEN BIJ DE AANWERVING

- **Problemen?** Hoe bereid je een werving voor op een relevant resultaat?

- **Waarom is het belangrijk?** In een klein team – en soms zelfs in een grotere organisatie – is aanwerving een zaak van iedereen, en iedereen zal er waarschijnlijk wel eens bij betrokken zijn. Daarom is het de moeite waard om uit ervaring enkele principes te leren die u kunnen helpen bij het aanwerven van de juiste kandidaat.

- **Professionele context?** Human resources management.

- **FAQ?**

  - Zijn de beste kandidaten nog steeds buiten het bedrijf?

  - Wat zijn de meest gebruikte selectiemethoden?

  - Wat zijn de meest effectieve methoden?

  - Hoe lang duurt het wervingsproces?

  - Hoeveel stappen moeten bij de selectie worden gezet?

  - Wie heeft inspraak in de aanwerving?

  - Hoe vermijd je "valse goede kandidaten"?

BELANGRIJKSTE STAPPEN BIJ DE AANWERVING

Technieken voor het selecteren van de juiste kandidaat

BELANGRIJKSTE STAPPEN BIJ DE AANWERVING

Technieken voor het selecteren van de juiste kandidaat

geschreven door Caroline Cailteux
vertaald door Nikki Claes

Aanwerving is een tweerichtingsproces waarbij zowel de vaardigheden van de kandidaat als die van de recruiter een rol spelen! Hoewel veel bedrijven de mogelijkheid hebben om professionele recruiters in te huren, krijgen soms mensen met weinig ervaring de taak, vooral in kleinere organisaties. Als dit uw situatie is, vindt u hier enkele sleutels, adviezen en tips om u door het selectieproces van kandidaten te loodsen.

Het is een feit dat de meeste aanwervingen haastig gebeuren. Iemand stapt je kantoor binnen en vraagt je een oplossing te vinden voor gisteren, terwijl je zelf overladen bent met werk; Youssef heeft net ontslag genomen om in Brazilië te gaan werken; Marion gaat over een paar weken naar kostschool; Pierre heeft net gemeld dat hij zijn been heeft gebroken en twee maanden afwezig zal zijn... En net als je inlogt om zo snel mogelijk een advertentie te plaatsen, herinnert een collega je er gedienstig aan dat de budgetten dit jaar nogal krap zijn...

STOP! Vooral niet overhaasten! Het is van essentieel belang niet uit het oog te verliezen dat aanwerving een investering is. Alleen al de tijd die u besteedt aan het vinden van uw droomkandidaat heeft een prijs. Neem dus even de tijd om de situatie te analyseren: Wat zoek je? Waar? Wanneer? Hoe? Voor wie? Deze laatste vraag is belangrijk: hoe meer mensen bij het aanwervingsproces betrokken zijn, hoe diverser de te overwegen procedures. Je zou versteld staan van de verschillen in perceptie en verwachtingen van degenen die bij een wervings- en selectieproces betrokken zijn.

Als het begrip aanwerving als een bal garen is en u de draad niet kunt vinden, geef uzelf dan 50 minuten en u zult spoedig een duidelijker beeld krijgen. Expert of niet, goede werving is als een goed georganiseerde receptie. Ongeacht de middelen waarover u beschikt en het profiel van de gasten, zijn er enkele principes die moeten worden gevolgd om het evenement soepel te laten verlopen. Vergeet niet dat als u de kandidaten uitnodigt om hen te selecteren, zij actieve partners zullen zijn die u op hun beurt zullen evalueren! U moet hen een welkom gevoel geven, de waarden en kwaliteiten van uw bedrijf en uw professionaliteit tonen. Want, begrijp me niet verkeerd, ze zullen niet nalaten ook naar je vaardigheden te vragen. Dus als u wilt dat de uitwisseling constructief is en resulteert in een *win-win*, wees dan voorbereid!

RECRUITER'S ABC'S VOORBEREID

Hoewel elke recruiter zijn of haar eigen recept voor werving toepast, is er een rode draad in het proces. Veel onderzoekers hebben zich gebogen over de vraag of een "klassieke aanwervingsprocedure" moet worden beschreven (LABERON Sonia *et alii*, *Psychologie et recrutement. Modellen, praktijken en normativiteiten*, Brussel, De Boeck, 2011). Op het kruispunt van deze wetenschappelijke benaderingen is de ruggengraat van het proces ontstaan, opgebouwd rond vijf hoofdfasen:

- analyse;
- de strategie;
- evaluatie;
- de selectie;
- de concretisering.

DE AANWERVINGSCONTEXT ANALYSEREN OM EEN DUIDELIJK BEELD TE KRIJGEN

Als we aan aanwerving denken, stellen we ons gemakkelijk een recruiter of een panel van assessoren voor die tegenover een kandidaat staat die probeert zijn of haar kopje koffie niet te morsen terwijl hij of zij vragen beantwoordt. Uw eerste ingeving zal waarschijnlijk zijn om de traditionele vragen op te sommen die u zou overwegen te stellen: "Wat is uw professionele achtergrond";

"Wat zijn uw referenties"; "Wat hebt u in het verleden bereikt"; "Kunt u drie van uw kwaliteiten en drie van uw gebreken noemen"; enz. Maar voordat u kandidaten gaat interviewen, is het aan u om uzelf de juiste vragen te stellen!

Waarom moeten we werven?

- Gaat het erom een nieuwe functie te creëren om aan nieuwe behoeften te voldoen?

- Moeten we Michel vervangen, die met pensioen is gegaan? Is het in dit geval beter om een ervaren profiel of een meer beginnend iemand te kiezen en een trainingsplan te overwegen?

- Moeten we iemand vervangen die ontslag heeft genomen? Waarom deden ze het? Is er spanning in het team?

Is het echt nodig om een aanwervingsprocedure te starten?

- Is de bevrijde functie nog relevant?

- Moeten we de functie niet opnieuw definiëren, rekening houdend met de veranderende context?

- Kan een bestaand personeelslid de rol niet overnemen?

- Kunnen de activiteiten voor deze functie niet opnieuw worden verdeeld?

- Kan een kandidaat uit een vorige selectie niet opnieuw worden gecontacteerd?

- Hebben we een pool van kandidaten?

Welke gevolgen heeft deze aanwerving voor de organisatie?

- Is er behoefte aan gevoeligheid?
- Is dit een gevoelige functie in een bedrijfsklimaat van crisis?
- Is dit een kritische functie die snel ingevuld moet worden?
- Zijn de problemen van de belanghebbenden bij de aanwerving dezelfde?
- Zijn er verborgen eisen? Heeft de sponsor bijvoorbeeld toekomstplannen voor de functie die hij of zij niet spontaan vermeldt en die het profiel zouden kunnen beïnvloeden? Is de manager op zoek naar een bepaald persoonlijkheidsprofiel om een ander profiel binnen het team te mobiliseren of te temperen?
- Zijn de percepties van de functie dezelfde voor de verschillende belanghebbenden bij aanwerving?

Wat zouden de aanwervingskosten kunnen zijn?

- Wat zijn de gevolgen van dit nieuwe salaris voor het personeelsbudget?
- Zijn er prikkels of voordelen om de kosten te verlagen?
- Is de functie gekoppeld aan een subsidieovereenkomst?
- Wat zijn de indirecte kosten van deze aanwerving? Hoeveel tijd kost het? Hoeveel mensen zijn er nodig voor de selectieprocedure?

- Wat zijn de middelen om de publicatie van de advertentie te sponsoren en de selectiemethoden?

Als u deze vragen hebt beantwoord en erin bent geslaagd uw wervingsproces te positioneren binnen de strategie van de organisatie, kunt u overgaan tot de volgende stap: het bepalen van de wervingsstrategie zelf.

BEPAAL DE STRATEGIE VOOR DE BEKENDMAKING VAN UW VERZOEK

In dit stadium heeft u normaal gesproken een overzicht van het proces. U weet bijvoorbeeld dat het erom gaat Marion te vervangen die met pensioen gaat; dat Geraldine de baan wilde maar niet over de vaardigheden beschikt om haar te vervangen; dat de manager een juniorprofiel wil aannemen omdat hij denkt dat haar ideeën innovatiever zullen zijn; dat u contact moet opnemen met Louis om hem te vragen haar mentor te zijn en een opleidingsprogramma te plannen met betrekking tot de specifieke kenmerken van het bedrijf.

Voordat u uw energie steekt in het adverteren van een vacature en het ontmoeten van potentiële kandidaten, is het essentieel dat u wat meer tijd besteedt aan het ontwikkelen van uw wervingsstrategie.

De functieomschrijving – Wat zoek ik?

De transversale vraag in het aanwervingsproces is of het profiel van de kandidaat overeenstemt met het gezochte profiel. De uitdaging zal er dus in bestaan het verwachte profiel te bepalen, rekening houdend met verschillende dimensies:

- Het verband tussen de functie en de organisatie:
  - De missie in de algemene dynamiek van het bedrijf
  - De positie in het organigram
  - Speelruimte en verantwoordelijkheden
  - Verwachte waarden, die de bedrijfscultuur weer-spiegelen
- De functie:
  - De activiteiten die de persoon zal uitvoeren
  - De verwachte prestaties, vaardigheden of talenten
  - De voorwaarden voor toegang tot de functie
- Het verband met de directe werkomgeving:
  - De bijzonderheden van de werkomstandigheden (alleen, in teamverband, binnen, buiten, nachte-lijke uren, etc.)
  - Persoonlijke eigenschappen die gunstig zijn voor integratie in het team
  - Fysieke, milieu- en psychosociale risico's in ver-band met de uitoefening van de functie

De functiebeschrijving, die nog vaak wordt verwaar-loosd, is niettemin de hoeksteen van een coherent per-soneelsbeheer. Het dient als kader voor uitwisselingen en als uitgangspunt voor discussies. De inhoud van een functiebeschrijving en de mate van synthese of volle-digheid die zij vereist, hangen af van de HR-strategie van de onderneming en haar maturiteit op dit gebied. Sommige bedrijven hebben niet eens functiebeschrijvingen, terwijl andere het hebben over competentiemanagement of talentmanagement.

Als u een doeltreffende functiebeschrijving wilt schrijven, moet u die aanpassen aan de stijl en het ritme van uw bedrijf. Belangrijk is dat het document duidelijk en gestructureerd is en dat de actoren in het proces (sponsors, beoordelaars en ontvangers) het eens zijn over de inhoud ervan.

Uit de elementen in de functiebeschrijving kunt u de selectiecriteria afleiden, d.w.z. de kenmerken die u bij de kandidaten zult zoeken om te bepalen of zij al dan niet aan de eisen voldoen. Wetenschappers spreken over het algemeen van "voorspellers", in de veronderstelling dat het voorkomen van deze kenmerken de prestaties van de kandidaten zal voorspellen.

Competentieprofiel en selectiecriteria

De functiebeschrijving is nog steeds een theoretische omschrijving van de kenmerken van een baan en de vaardigheden en competenties die nuttig en noodzakelijk zijn voor de uitoefening ervan. Stel dat u op zoek bent naar een fulltime projectcoördinator voor een cultureel centrum. Het project bevindt zich in een vroeg stadium en de aangeworven persoon zal eerst een diagnose moeten stellen van de culturele situatie in de wijk. Alvorens culturele activiteiten op te zetten, moet zij een jaar lang de mening van de gebruikers van het cultureel centrum peilen en een activiteitenprogramma op maat opstellen. Zij zal ook contact moeten leggen met de verschillende verenigingen en kunstenaars om partnerschappen op te zetten.

Als u uw aanwervingsproces begint met de gedachte dat u de ideale kandidaat hebt gevonden, moet u accepteren dat die niet bestaat! De kandidaten die op gesprek komen, hebben verschillende profielen:

* Laura werkt al drie jaar in de culturele sector, maar is slechts parttime beschikbaar;

* Zora is op zoek naar haar eerste baan en heeft veel artistieke en culturele activiteiten gedaan;

* David heeft meer dan tien jaar ervaring in het organiseren van sportevenementen;

* Marco is een vlotte verkoper met een passie voor cultuur en veel kennis daarover. Hij heeft ook veel vrienden in de sector en zou zijn netwerk snel kunnen activeren in uw voordeel.

Hoe kunt u de persoon identificeren die het best aan uw verwachtingen voldoet? Door vooraf selectiecriteria vast te stellen. Welke van de vele activiteiten waaruit de functie bestaat, moeten prioritair worden uitgevoerd? Wat zijn de vaardigheden, bekwaamheden en prestaties die u vertellen dat de persoon die voor u zit de uitdaging daadwerkelijk aankan? Wat zijn de aanwijzingen dat de gekozen kandidaten zich zullen identificeren met de waarden van uw organisatie? Wat zijn de persoonlijke manieren waarop zij in het team passen?

Om dit onderzoek te vergemakkelijken moet een coherent criteriarooster worden opgesteld, zodat de aanpak kan worden gestandaardiseerd en de kandidaten op basis van identieke criteria kunnen worden vergeleken. Aangezien elke beoordelaar zijn of haar eigen subjectiviteit heeft, zal het criteriarooster een gemeenschappelijk leesprisma bieden waardoor elke beoordelaar zich objectiever kan opstellen. Het omvat dus de kenmerken die bij voorrang worden nagestreefd op het niveau van de organisatie, de functie en de persoon.

VOORBEELD: SELECTIECRITERIA VOOR EEN CULTURELE PROJECTCOÖRDINATOR

Op organisatorisch niveau:

- interesse in cultuur;

- belangstelling voor uitwisselingen met vertegenwoordigers van de artistieke wereld;

- in kleine structuren met weinig middelen;

- comfortabel in een omgeving die beschikbaarheid in het weekend vereist.

Op het niveau van de functie:

- totale capaciteit:

  - onderzoeksvaardigheden om enquêtes te houden onder de doelgroep,

  - analytische vaardigheden om de behoeften van het veld te vertalen in activiteiten,

- creativiteit om het publiek op een speelse manier bewust te maken.

- specifieke mogelijkheden:

  - goede kennis van het culturele veld, de actoren, de middelen, enz.,

  - Vaardigheid in tekstverwerkingssoftware voor het schrijven van rapporten.

Op het niveau van het individu:

- assertief en durft zijn/haar mening te uiten;

- flexibele werktijden.

Vergeet niet om, naast de vereiste kwalificaties, de kandidaat te vragen naar zijn/haar motivatie om bij uw organisatie te komen werken en de functie te aanvaarden, alsook naar zijn/haar persoonlijke motivatiefactoren (salaris, telewerken, werkzekerheid, evenwicht tussen werk en privéleven, carrièremogelijkheden, opleiding, enz.). Deze informatie zal de toekomstige manager aanwijzingen geven over hoe de persoon te coachen, zijn vaardigheden te activeren en vooral zijn professionele investering in de loop van de tijd te behouden.

Wanneer alle criteria zijn vastgesteld, kunt u ook de succesindicatoren voor deze verschillende criteria bepalen. Wat wilt u in uw kandidaat zien om te bepalen of hij al dan niet aan het criterium voldoet? Sommigen zullen ervoor kiezen een score te geven, waarbij de mate van vervulling van het criterium wordt gemeten op een schaal van één (helemaal niet) tot vijf (zeer veel); anderen zullen kwalitatieve informatie gebruiken door tijdens de uitwisseling informatie en waarnemingen te noteren en de situatie zo objectief mogelijk te beschrijven.

Als u de bovenstaande tabel bekijkt, ontdekt u het voordeel van een gestructureerd interview. Naarmate de sollicitanten op dezelfde criteria worden vergeleken, worden de verschillen tussen het gewenste profiel en het werkelijke profiel van de sollicitant duidelijker. Bovendien zal het gemakkelijker zijn om de verschillen tussen elke kandidaat waar te nemen. De beoordelaars zullen zich kunnen baseren op de uit de analyse resulterende prioriteiten en de voorkeur geven aan de persoon die het best voldoet aan de verwachtingen inzake de dominante criteria.

Nu u een duidelijk idee hebt van wat u zoekt en wij hebben geïllustreerd wat voor resultaat u krijgt door uw interview te structureren aan de hand van een selectiecriteriarooster, kunt u eindelijk uw verwachtingen overbrengen in een vacature!

De werkaanbieding

Uw functieomschrijving en selectiecriteria helpen u bij het structureren van uw personeelsadvertentie, die onder andere volgende zaken bevat:

- een beschrijving van het bedrijf, zijn missies en zijn waarden;
- een beschrijving van de opdracht in verband met het beroep dat de toekomstige werknemer zal uitoefenen en van de belangrijkste activiteiten ervan;

- een beschrijving van de werkcontext;

- uw verwachtingen in termen van vaardigheden en talenten, alsmede de vereiste persoonlijke eigenschappen en beschikbaarheid;

- uw aanbod, d.w.z. soort contract, salarisvoorwaarden, voordelen, toekomstperspectieven, enz.

Dankzij de vooraf gemaakte analyse kunt u het meest geschikte kanaal voor de verspreiding van uw verzoek bepalen. Er zijn verschillende mogelijkheden:

- interne communicatie over de werkaanbieding (e-mail, bedrijfskrant, enz.);

- gratis verspreiding van het aanbod op het web via openbare instellingen;

- betaalde verspreiding van het aanbod op het web;

- aanwezigheid op beurzen of banenmarkten;

- het werven van een uitzendbureau, een wervings- en selectiebureau, headhunters, etc.;

- verspreiding op sociale netwerken;

- etc.

Het is belangrijk aandacht te besteden aan de inhoud en de vorm van uw communicatie. Denk na over het publiek waarop u zich wilt richten en de boodschap die u wilt overbrengen. De personeelsadvertentie is een showcase van uw activiteit, die u zichtbaar maakt voor het publiek. Maar aanwerving is een tweerichtingsproces, dus met alles wat u van kandidaten vraagt, mag u niet vergeten hun aandacht te vestigen op wat u te bieden hebt. De stijl van uw advertentie geeft een indicatie van het "merk" van uw bedrijf: is het innovatief en dynamisch, of eerder conformistisch? Staat het zijn werknemers toe om creatief te zijn? Is het in de voorhoede van een veld? Heeft het belangrijke filosofische waarden? En zo verder. Toont het curriculum vitae de persoonlijkheid van de kandidaat, de personeelsadvertentie belicht die van de werkgever.

KANDIDATEN BEOORDELEN MET DE JUISTE METHODE

Aanwervings- en selectiemethoden verschillen aanzienlijk van bedrijf tot bedrijf, afhankelijk van het model voor personeelsbeheer dat waar zij voor staan. François Pichault en Jean Nizet (2000) hebben het onderwerp bestudeerd en vijf modellen van personeelsbeheer beschreven en hun invloed op het beheer van het personeel dat een organisatie binnenkomt en verlaat.

Zo hechten sommige bedrijven weinig belang aan selectie en geven zij voorrang aan aanbevelingen uit hun netwerk, terwijl andere er meer belang aan hechten en het beschouwen als onderdeel van een toekomstgericht competentiebeheer of uit respect voor gereglementeerde procedures, zoals bijvoorbeeld bij de overheid.

Sommige methoden zijn duurder dan andere, dus de middelen waarover u beschikt zullen uw keuze beïnvloeden. De termijnen die u moet halen, zijn ook van invloed op het niveau van de structuur van uw gesprekken en het aantal selectiefasen. Vergeet niet dat de methode de werving niet maakt, het is uw expertise die er waarde aan geeft!

DE JUISTE KANDIDAAT SELECTEREN

Voorselectie op CV en sollicitatiebrief

Het CV van de kandidaat geeft u een eerste indruk van zijn of haar achtergrond en persoonlijke sterke punten. De presentatie ervan zal u een idee geven van hoe zij hun ideeën structureren en wat zij naar voren willen brengen om u te overtuigen. De sollicitatiebrief moet u een idee geven van hun interesses en motivatie om bij uw organisatie te komen werken.

Om de sollicitaties objectief te sorteren, moet u voorselectiecriteria vaststellen: ervaring in het vakgebied, bijzondere kennis, talenkennis, etc. Rangschik vervolgens de aanvragen op basis van deze elementen.

Voordat u een CV schrapt of de voorkeur geeft aan een ander, moet u nagaan of wat wordt geadverteerd overeenkomt met wat er werkelijk is. U kunt dit doen door de kandidaat op te bellen om hem te ondervragen en bijvoorbeeld zijn kennis en taalvaardigheid te testen.

 **OM IN GEDACHTEN TE HOUDEN**

Veel werkzoekenden zijn ontvankelijk en beschikbaar, maar dat betekent niet dat ze bij de telefoon zitten te wachten op uw telefoontje. Zorg er dus voor dat de persoon met wie u praat in de juiste stemming is voordat u hem of haar interviewt, bijvoorbeeld door een telefonische afspraak te maken.

Als uw indrukken worden bevestigd, nodig hen dan uit voor een grondiger onderzoek van hun sollicitatie. Indien het resultaat niet aan uw verwachtingen voldoet, gezien de geïnvesteerde energie, overweeg dan eerst de mogelijkheid om de toepassing in een andere werving te herstellen. Als het profiel niet overeenkomt met uw organisatie of de banen die daar worden uitgevoerd, wordt het CV verwijderd.

Selectie op maat volgens uw middelen

Na de eerste screening van de sollicitaties moet u meer te weten komen om het profiel van degenen die in de running blijven correct te kunnen beoordelen. U zult dus de selectiemethode moeten toepassen die past bij uw werkrealiteit. Als het potentieel van de drie tot vijf kandidaten die u overweegt gelijkwaardig is, zullen hun ervaring en vaardigheden hen onderscheiden. De uitdaging bestaat er nu in de kandidaten objectief te vergelijken en uw indrukken te valideren door de middelen waarover u beschikt te optimaliseren.

Om u voor te bereiden, illustreren wij het proces van een selectiegesprek voor een functie als coördinator culturele projecten in een context van een minimalistisch budget.

De "STAR"-methode

De "STAR"-methode is zeer geschikt voor aanwervingen met een kort proces en een laag budget. De kandidaten wordt verzocht concrete situaties uit het
verleden te beschrijven die illustreren hoe de beoogde
competentie wordt ingezet. Zij moeten hun antwoord
structureren door de ervaren situatie (S), de uitge-
voerde taken (T), de concreet ondernomen acties (A)
en de verkregen resultaten (R) te beschrijven.

LAAT HET GEBEUREN DOOR DE JUISTE BESLISSING TE NEMEN

De juiste aanwervingsbeslissing vloeit voort uit de
grootst mogelijke overeenstemming tussen het profiel
van de aangeworven persoon en de omschreven functie.
Dit onderstreept nogmaals de noodzaak van een zorg-
vuldige voorbereiding van de aanwerving, waarbij tijd
moet worden besteed aan het analyseren van de vraag
en de prioritaire kenmerken die voor de baan vereist
zijn. Een goede functieomschrijving biedt u een goed
aanwervingskader. Hoe gestructureerder uw voorbereiding en aanpak, hoe duidelijker de uiteindelijke beslissing zal zijn.

De gemakkelijkste manier om de resultaten van de
gesprekken aan de besluitvormers mee te delen is
een vergelijkend schema van de kandidaten, waarin
de opmerkingen over de verschillende criteria en de
conclusies van de beoordelaars worden samengevat. U
kunt een rangschikking van de kandidaten voorstellen

om de uiteindelijke beslissing van de vertegenwoordigers van de organisatie, die de verantwoordelijkheid voor de opdracht dragen, te vergemakkelijken. Hoewel uw budget normaal gesproken aan het begin van het proces wordt vastgesteld, mag u niet vergeten de contractuele en salarisvoorwaarden met de kandidaat te bespreken voordat u het resultaat van uw selectie presenteert. Sommigen van hen willen misschien onderhandelen over hun salaris en voordelen en het zal nodig zijn de speelruimte met de eindbeslisser te bespreken. Wanneer de kandidaat een zeldzaam of uitstekend profiel heeft, kunnen de aanstellingsvoorwaarden worden versoepeld.

TOP TIPS

- De verbintenis eindigt niet met de ondertekening van het contract. Als u er zeker van wilt zijn dat de persoon zich voor uw organisatie inzet, moet u ervoor zorgen dat hij wordt verwelkomd en geïntegreerd nadat de administratieve formaliteiten zijn afgerond. Dit zal bijdragen tot hun tevredenheid en dus tot hun motivatie. Er kunnen verschillende stappen worden ondernomen: werkmateriaal voorbereiden, een welkomstgesprek met de lijnmanager organiseren, de gewoonten en gebruiken van het bedrijf uitleggen, informatie beschikbaar stellen, de nieuwe aanwinst aan de werknemers voorstellen via een rondgang langs de afdelingen, een opleidingsprogramma plannen, enz.

- Vergeet niet dat de uiteindelijke beslissing ook voor 50% bij de kandidaat ligt. Als hij of zij moet laten zien dat hij of zij bekwaam is, moet het wervende bedrijf laten zien dat het aantrekkelijk is. Dus wees voorzichtig met je houding! Hoewel u tijdens het selectieproces de kandidaat moet analyseren om te zien of hij of zij aan uw verwachtingen voldoet, mag u niet vergeten dat u te maken hebt met een potentiële toekomstige collega. De kandidaat is ook actief in het proces en analyseert u ook.

- Wees je bewust van discriminatieprocessen. Onze stereotypen (vooropgezette ideeën en generalisaties van bepaalde kenmerken van sociale groepen) liggen ten grondslag aan vooroordelen over bepaalde profielen. Antidiscriminatiewetten en diversiteitsbeleid helpen dit gedrag in goede banen te leiden. Gebruik op uw niveau gestandaardiseerde technieken (kandidaten vergelijken op identieke selectiecriteria) voor meer objectiviteit; concentreer u op competenties en vermijd criteria zoals leeftijdsgrenzen in uw personeelsadvertenties.

 ## HET REBOUND-EFFECT VAN HET STEREOTYPE

Paradoxaal genoeg, als je tijdens het gesprek gedachten probeert weg te jagen die ongepast lijken, zullen ze waarschijnlijk nog meer aanwezig zijn. Onderzoekers onderzoeken manieren om deze neveneffecten van mind control aan te pakken. In de tussentijd is het misschien beter om je te verplaatsen in de persoon die wordt gestereotypeerd dan te proberen niet te denken aan de vooroordelen over hem of haar.

- Als u beperkte middelen hebt om aan te werven, moet u een gestructureerd en vooraf voorbereid interview gebruiken, waarbij de nadruk ligt op de analyse van de kennis van de kandidaat, in plaats van spontane en verschillende vragen te stellen die subjectief zijn en waarmee u mensen niet op dezelfde criteria kunt vergelijken. Dit type interview is inderdaad goedkoop, en uit verschillende onderzoeken blijkt dat de validiteit ervan relatief hoog is. Dit onderstreept nogmaals het belang van de opstelling en selectie van criteria voor de vergelijking van profielen. Beoordelingscentra zijn geruststellender, omdat zij gebruik maken van verschillende methoden, maar helaas erg duur.

- Vergeet niet de motivatie van de kandidaat te peilen. Een bekwaam persoon die niet gemotiveerd is, zal niet goed presteren. Vraag de kandidaat niet alleen of hij gemotiveerd is; het antwoord is meer dan waarschijnlijk ja. Vraag hen naar hun motiverende factoren. Is het het imago van uw bedrijf dat hen aantrekt en de wens om ermee geassocieerd te worden? Is het de baan die hen bijzonder interesseert? Is de persoon gemotiveerd door een carrièreplan en zo ja, kunt u daarop inspelen? Wat zijn hun persoonlijke motivaties (uitdaging, stabiliteit, salaris, opleidingsmogelijkheden, autonomie)?

FAQ

ZIJN DE BESTE KANDIDATEN STEEDS BUITEN HET BEDRIJF?

Nee. Voordat u investeert in aanwerving, moet u nadenken over de profielen binnen uw bedrijf en de loopbaanontwikkelingsmogelijkheden die u hen kunt bieden. Dit is een belangrijke motiverende factor voor het bestaande personeel.

Met een rooster voor *omzetanalyse* kunt u de profielen in uw organisatie plaatsen. Dit doet de vraag rijzen naar de "vervangbaarheid" van het personeel: was de vertrekkende werknemer een goede presteerder (productiviteit, vermogen om met anderen samen te werken, potentieel om belangrijke verantwoordelijkheden op zich te nemen, etc.)? Zijn hun prestaties gemakkelijk te vervangen? Zijn er identieke profielen die hem/haar kunnen vervangen?

De door D.C. Martin en K.M. Bartol ontwikkelde prestatie/vervangbaarheidsmatrix zal u bij deze denkoefening helpen.

WAT ZIJN DE MEEST GEBRUIKTE SELECTIEMETHODEN?

Er zijn verschillende technieken beschikbaar om u te helpen de kandidaten beter te leren kennen:

- het ongestructureerde interview, waarbij de voorkeur wordt gegeven aan een spontane uitwisseling met de persoon over zijn loopbaan en de in zijn CV beschreven troeven. Het laat meer ruimte voor subjectiviteit;

- het gestructureerde interview, dat gebaseerd is op selectiecriteria die het interview sturen. Het evaluatierooster voor kandidaten is gebaseerd op een functiebeschrijving. De standaardisering die deze aanpak biedt, verhoogt de objectiviteit;

- confrontatie van de kandidaten met kritieke situaties, waardoor kan worden bestudeerd hoe zij beslissingen nemen. Deze aanpak houdt rekening met de evaluatie van vooraf vastgestelde succescriteria;

- psychometrische tests, waarmee de intelligentie van de kandidaten en hun specifieke vaardigheden kunnen worden beoordeeld (tests van het geheugen, verbale vaardigheden, perceptief redeneren, matrixlogica, snelheid, perceptieve organisatie, etc.) of om meer te weten te komen over hun persoonlijkheid (MBTI, SOSIE, etc.);

- assesment centres, waar recruiters kandidaten kunnen observeren in individuele of groepswerksituaties (mailboxtests, debatten, onderhandelingen, rollenspel, probleemoplossing in teamverband, etc.) De situaties en de combinatie van tests verschillen van bedrijf tot bedrijf en vergen één of twee dagen;

- headhunters;

- professionele referenties en aanbevelingen.

WAT ZIJN DE MEEST EFFECTIEVE METHODEN?

Verschillende wetenschappelijke studies hebben aangetoond dat de volgende methoden een zeer hoge predictieve validiteit (kwaliteit van de prestatievoorspelling) en interbeoordelaarsbetrouwbaarheid (mate van overeenstemming tussen beoordelaars, die overeenkomt met een zekere objectiviteit) hebben:

- gestructureerd interview;

- situationeel interview;

- bekwaamheids- en intelligentietests;

- situatiescenario's;

- beoordelingscentra.

Hoewel veel recruiters referenties en aanbevelingsbrieven opnemen, blijkt uit studies dat deze methode een lage interbeoordelaarsbetrouwbaarheid en voorspellende waarde heeft.

HOE LANG DUURT HET WERVINGSPROCES?

De duur van de aanwerving is zeer variabel en hangt af van vele factoren. Door de volgende vragen te beantwoorden kunt u uw wervingsproces plannen tussen de vele activiteiten die u moet beheren.

- Is deze aanwerving dringend?

- Is deze aanwerving belangrijk?

- Is de niet-bezetting van de functie schadelijk voor het bedrijf? Zo ja, op welk niveau?

- Welke activiteiten worden onderbroken en welke gevolgen heeft dit voor de continuïteit van andere betrokken processen?

- Wat is de haalbaarheid van deze aanwerving? Hebben wij de middelen (tijd, personeel, instrumenten, enz.) om deze aanwerving uit te voeren?

- Zijn de profielen gemakkelijk te vinden op de arbeidsmarkt, of zijn ze eerder zeldzaam?

HOEVEEL STAPPEN MOETEN BIJ DE SELECTIE WORDEN GEZET?

Begin met de criteria die essentieel zijn voor de beoordeling van het profiel van de kandidaten. U moet geen te lange interviews plannen, want dat kan leiden tot verlies van aandacht en interesse. Als u een lange lijst met criteria hebt, kunt u beter verschillende selectiefasen overwegen dan één lang interview.

Hoe meer informatie u met elkaar vergelijkt, hoe groter uw zekerheid zal zijn. U moet de geldigheid van de beschikbare methoden afwegen tegen uw prioriteiten (mate van urgentie vermenigvuldigd met het belang van de aanwerving). Als u de competenties goed aanpakt en uw vragen goed structureert, kunt u goede beslissingen nemen.

WIE HEEFT INSPRAAK IN DE AANWERVING?

Als u uw kansen wilt vergroten om het juiste profiel te kiezen, is het belangrijk om u te omringen met beoordelaars met het juiste profiel. Hoewel zij toegerust zijn om

objectieve analyses te maken, zijn personeelsvertegen-
woordigers niet de enige goede beoordelaars. Als u een
technisch of specifiek profiel aanwerft, is het vaak de
moeite waard iemand uit het vakgebied uit te nodigen
om deel te nemen aan het selectieproces. Zij zullen
beter kunnen nagaan wat de kandidaat zegt en of zijn
antwoorden relevant zijn. Een contact met de manager
is niet nutteloos, aangezien de werkrelatie een aanzien-
lijke invloed heeft op de kwaliteit van de toekomstige
prestaties. In sommige bedrijven wordt de succesvolle
kandidaat ook in contact gebracht met het team voordat de definitieve beslissing wordt genomen.

 ## EMOTIES SPELEN EEN ROL BIJ TEAMPRESTATIES!

Verschillende onderzoekers bevelen training aan over
de emotionele aspecten die in werkteams spelen. Zij
hebben vastgesteld dat positieve emoties de team-
prestaties verhogen, terwijl conflicten het tegenover-
gestelde effect hebben. Naast vaardigheden is het
daarom belangrijk om ervoor te zorgen dat het per-
soonlijk functioneren van de kandidaat past bij de
cultuur van het team en het type management.

HOE VERMIJD JE "VALSE GOEDE KANDIDATEN"?

Uw beste gids zal uw selectierooster zijn, gericht op
objectieve criteria. Uit een studie van Sonia Laberon e.a.
in het boek blijkt dat recruiters weliswaar peilen naar
uiteenlopende technische vaardigheden, maar dat zij

meestal op zoek gaan naar vergelijkbare persoonlijkheidskenmerken: interpersoonlijke vaardigheden, dynamiek, luistervaardigheid, initiatief, nauwkeurigheid, autonomie, beschikbaarheid en organisatie.

Hoewel deze kwaliteiten aantrekkelijk zijn, vraagt u zich af of ze overeenstemmen met het profiel van het team en de werkcontext. Het heeft geen zin een zeer autonoom profiel aan te werven in een functie die weinig vrijheid laat in de uitvoering! Het feit dat de kandidaat vriendelijk is, lacht en enkele van uw passies deelt, betekent niet dat hij of zij goed zal presteren. En het feit dat iemand introvert en verlegen is tijdens een sollicitatiegesprek betekent niet dat hij geen fantastische professionele talenten zal tonen. Bereid uw werving voor en rust uzelf uit met gestructureerde methoden om uw subjectiviteit op afstand te houden.

OM VERDER TE GAAN

BIBLIOGRAFISCHE BRONNEN

Azzopardi (Gilles), *Réussir les nouveaux tests de QI*, Frankrijk, Marabout, 2006.

Dumont (Muriel) en Yzerbyt (Vincent), "Le contrôle mental des stéréotypes: enjeux et perspectives", in *L'année psychologique*, 2001, vol. 101, nr. 4, blz. 617-653.

Krebs Hirsh (Sandra) en Kummerow (Jean M.), *Inleiding tot psychologische typen in organisaties*, Zellik, Alert Management Consultants, 1999.

Martin (D.C.) en Bartol (K.M.), "Managing Turnover Strategically", in *Personnel Administrator*, 1985, nr. 30, blz. 63-73.

Laberon (Sonia) et alii, *Psychologie en aanwerving. Modellen, praktijken en normen*, Brussel, De Boeck, 2011.

Pichault (François) en Nizet (Jean), *Les pratiques de gestion des ressources humaines*, Parijs, Seuil, 2000.

Xiao-Yu Liu (Charline), Härtel (E.J.) en Jian-Min Su (James), "The Workgroup Emotional Climate Scale: Theoretical Development, Empirical Validation, and Relationship With Workgroup Effectiveness", in *Group & Organizational Management*, 2014, Vol. 39 (6), pp. 626-663.

AANVULLENDE BRONNEN

www.selor.be

www.fedweb.belgium.be

www.acompetenceegale.com

We horen graag van u! Laat
een reactie achter op jouw online bibliotheek
en deel je favoriete boeken op social media!

De uitgever garandeert de betrouwbaarheid van de gepubliceerde informatie, die echter niet onder zijn verantwoordelijkheid valt.

Master ISBN: 9782808604789
Papier ISBN: 9782808605991
Wettelijk depot: D/2023/12603/26

Digitaal ontwerp: Primento,
de digitale partner van uitgevers.